BEI GRIN MACHT SICH IHR WISSEN BEZAHLT

Marina Zuber

Zusammenfassung "Erziehung" des Moduls Bildungswissenschaften

GRIN Verlag

Bibliografische Information der Deutschen Nationalbibliothek:

Die Deutsche Bibliothek verzeichnet diese Publikation in der Deutschen National-
bibliografie; detaillierte bibliografische Daten sind im Internet über http://dnb.d-
nb.de/ abrufbar.

Impressum:

Copyright © 2012 GRIN Verlag GmbH
Druck und Bindung: Books on Demand GmbH, Norderstedt Germany
ISBN: 978-3-656-75587-6

Dieses Buch bei GRIN:

http://www.grin.com/de/e-book/281003/zusammenfassung-erziehung-des-moduls-
bildungswissenschaften

GRIN - Your knowledge has value

Der GRIN Verlag publiziert seit 1998 wissenschaftliche Arbeiten von Studenten, Hochschullehrern und anderen Akademikern als eBook und gedrucktes Buch. Die Verlagswebsite www.grin.com ist die ideale Plattform zur Veröffentlichung von Hausarbeiten, Abschlussarbeiten, wissenschaftlichen Aufsätzen, Dissertationen und Fachbüchern.

Erziehung

Ist auf den Modus der reflexiven Behandlung und Betrachtung des Heranwachsenden angewiesen.

Adorno: Sinn der Erziehung ist die Förderung der kritischen Selbstreflexion und der Autonomie, der Zögling soll zur Mündigkeit bewegt werden.

Anfänglich wurde unter Erziehung Zucht und Disziplinierung verstanden, in der jüdisch-christlichen Erziehung: Unterwerfung unter das göttliche Gesetz mit Zucht und Gehorsam.

Freiheit und Zwang, Selbst- und Fremdbestimmung bleiben stets aufeinander bezogen. Mit dem Anspruch eines reflektierten Umgangs mit dem erzieherischen Paradoxon. Die unterschiedlichen Erfahrungen und Auffassungen von Erziehung sind soziokulturell geprägt.

Bilder und Metaphern drücken das Verhältnis aus, das der Mensch zu seiner Welt hat, und er versucht sie (Welt) dadurch zu verstehen. Sie sind sozusagen vorreflexiv und enthalten grundlegende normative Annahmen von Erziehung.

Rousseau: (1712-1778) der Mensch ist von Natur aus gut, er wird erst durch Gesellschaft und Zivilisation verdorben.

Pestalozzi: (1746-1827) der Mensch ist also von Natur aus unwissend, leichtsinnig, grausam, gewaltsam, misstrauisch..(von Triebhaftigkeit geleitet).

Herder: der Mensch ist der erste Freigelassene der Schöpfung. Vernunft, Freiheit und Humanität sind die bestimmenden Größen →neuhumanistisches Denken.

Paradoxe Aufgabe der Erziehung: Unterwerfung unter den Zwang und gleichzeitige Beförderung von Mündigkeit.

Erziehungsmetaphoriken

In den Metaphern wird nur die Perspektive des Erziehers gesehen, weil die Erfahrung (des Kindes) von Erziehung nicht berücksichtigt wird.

WACHSENLASSEN: es wird freie Entfaltung ohne erzieherischen Einfluss suggeriert. Sie ist eine effektiv erzieherische Machtpraktik. Suggestion freier Entscheidung und ungestörter Entwicklung. Der Erzieher „kümmert" sich um den Zögling, indem er, bis hin zum Strafen erzieherisch eingreift, um die Natur zunehmend zu verbessern.

FÜHREN: (Hirte): führen und begleiten, damit der Zögling die rechte Bahn, den rechten Weg findet. Er muss sich dem Hirten unterordnen. Dieser handelt als „Anwalt des Kindes" stellvertretend für das Kind (Unterlegenheit des Zöglings).

PRÄGEN UND FÜLLEN: das Kind wird normiert, einer Ordnung einverleibt oder indoktriniert; stellt das Material dar, das durch moralische Belehrung und Unterricht, Form und Inhalt bekommt.

SCHÖPFUNG UND ZEUGUNG: das Kind steht für das Neue.
Platon: die Aufgabe des Erziehers liegt in der Zeugung des Schönen ➔ Hinlenkung zur Wahrheit (Mäeutik).
Sokrates: zusammen mit dem Zögling, der den Wunsch zu wissen in sich hat, die Wahrheit heraus-ziehen.
Key: Schöpfung eines „Neuen Menschen"
Architekt und Baumeister: der Erzieher schafft nach den Bauplänen Gottes – das „Werk" ist das gut erzogene sittliche Kind.

LICHT UND ERWECKUNG: der Zögling wird erleuchtet, um sich der Wahrheit zuzuwenden. *Comedius* (1592-1670): das Licht steht für göttliche Wahrheit und Erkenntnis; als Geschöpf Gottes trägt der Mensch die Möglichkeit der Erkenntnis in sich. Der Erzieher muss das innere Licht entzünden.

ZÄHMEN UND DISZIPLINIEREN: beinhaltet die Abgrenzung zum Tier, die Kultivierung der menschlichen Natur. Gehorsam gegenüber Normen, Regeln und Gesetzen, Funktionieren als gesellschaftliches Mitglied. *Kant*: Disziplinierung muss durch die Förderung des Gebrauchs der eigenen Freiheit legitimierbar sein.

SPIEL UND REGELN: der freiheitlichen Entscheidung wird ein Spielraum gegeben, abgesteckt durch gesellschaftliche Regeln, die nicht verletzt werden dürfen.
Erzieher als Schiedsrichter ➔ Kontrollgesellschaftsform.
Die Regeln sind das Subjekt des Erziehens und nicht der Erzieher.

Bestimmungen des Erziehungsbegriffs

Zur Erziehung gehören die Begriffe Zucht und Unterordnung.

Unter dem **Zucht**gedanken versteht man sowohl die Formen des Eingriffs des Erziehers als auch dessen Allmachtsvorstellungen.

Unterordnung unter ein Allgemeines wie Kultur, Gesellschaft, Tradition, Gebot Gottes. Auf welche Weise diese Unterordnung geschieht, ist abhängig vom Erziehungsstil und von demjenigen, der sich unterordnen muss.

Es ist notwendig eine kritische erziehungstheoretische Reflexion auf Ziele, Praktiken und Machtstrukturen der Erziehung zu machen. Das Allgemeine ist ein normativer Entwurf des Menschen und ist somit dem Zuchtgedanken verpflichtet. Der Wille und die Notwendigkeit, den zu Erziehenden seinen eigenen Möglichkeiten zuzuführen, werden immer wieder unterschiedlich gewichtet.

Der Erziehungsgedanke ist unverzichtbar, er sollte die unterschiedlichen Normen setzenden (normativen) Folgerungen (Implikationen) näher bestimmen (explizieren) und nicht das Gegebene so hinnehmen. Reflektieren über Machtstrukturen und die unterschiedlichen Praktiken der Disziplinierung.

Differenzierung des Erziehungsbegriffs:

Es wird zwischen der intentionalen Erziehung und der funktionalen Erziehung unterschieden.

Intentionale Erziehung beinhaltet eine Absicht, während bei der *funktionalen Erziehung* Gesellschaft, Medien, Freundeskreis einwirken.

Sowie auch dem Zusammenspiel von *Absichts- und Wirkungsbegriff*:

theoretisches Grundproblem: ist Erziehung Absicht oder Wirkung?

Absichtsbegriff: der intentionale Erziehungsprozess ist der Versuch planmäßiger, absichtsvoller Einwirkung, die sich in einer Zweck-Mittel-Relation zeigt; die tatsächlichen Wirkungen sind untergeordnet.

Frage: was ist mit den Absichten, die keinerlei Wirkung haben, und was ist mit den nicht intendierten Folgen?

Wirkungsbegriff: bewegt sich näher am funktionalen Erziehungsbegriff. Nur das, was als Wirkung in einer Ursache-Wirkungs-Relation zu beobachten ist, wird Erziehung genannt. In diesem Zusammenhang ist keine planvolle Erziehung möglich. Unerwünschte Wirkungen müssen im Vorfeld geplant verhindert werden.

Wissenschaftstheoretisch handelt es sich um zwei unterschiedliche Perspektiven auf den Erziehungsbegriff
- intentionale und funktionale Erziehung
- Absichts- und Wirkungsbegriff.

Spannungsfeld zwischen Freiheit und Zwang, Selbst- und Fremdbestimmung.

Jean-Jacques Rousseau
Naturzustand und natürliche Erziehung

Er gilt als der **„Entdecker des Kindes"**, reformpädagogische Ansätze berufen sich noch heut auf ihn.

1712 (Genf)-1778; 1762 erschien sein Erziehungsroman „Emilé oder Über die Erziehung", dieser hatte große Wirkung für die Pädagogik.

Rousseau bezieht die Erziehung nicht auf gesellschaftliche Traditionen und Strukturen, sondern nur auf den Menschen.

Naturrecht und Naturzustand

Rousseau plädiert für einen Naturzustand. **Jede Vergesellschaftung und Kultur führt zu einer Entfremdung und Entartung des Menschen.**
Das Naturrecht begründet Freiheit und Gleichheit aller Menschen. Der Naturzustand ist nur eine Vernunftidee/Fiktion.
Mit der **Abkehr von der Ursprünglichkeit** setzt ein **Verfallsprozess** ein.

Natur steht für das Wahre und Schöne ➜ zivilisationskritischer Gegenentwurf zur damaligen Gesellschaft.

Natur als pädagogischer Raum.

Der Mensch genügt sich selbst (**Selbstliebe**) im Naturzustand. Sie basiert auf dem Gleichgewicht von Bedürfnissen und der Möglichkeit und Fähigkeit diese zu realisieren. Demgegenüber steht die Eigenliebe (Selbstsucht), sie ist das Resultat eines unglücklichen und unzufriedenen Zustands, der sich aus dem Missverhältnis von Bedürfnis und dessen Erfüllung ergibt. Der Mensch macht die Beziehung zu sich selbst von der Einschätzung anderer abhängig.

Die naturrechtliche Gleichheit aller wird aufgehoben v. a. durch die Einrichtung von Eigentum ➜ Ungleichheit der Menschen ➜Streben nach Macht und Herrschaft ➜ Neid und Missgunst

Grundlagen der negativen und natürlichen Erziehung

Basis für die Erziehungstheorie ist, dass der **Mensch von Natur aus gut** ist.
Die richtige Erziehung kann und soll das Böse verhindern, das aus fehlerhaften Entwicklungsprozessen entsteht.

Die **negative Erziehung** soll die Autarkie des Zöglings stärken. Sie ist **Erziehung durch die Natur**. Es ist die Aufgabe der Erziehung, den natürlichen Grund der Freiheit vor der Entfremdung zu schützen.

Problem: jeder Erzieher ist selbst ein Produkt der Zivilisation und ihrem verderbenden Einfluss ausgesetzt.

Rousseaus Kernfrage: wie kann der Mensch unter den Bedingungen der Zivilisation als Naturwesen leben.

Ziel und Praktiken der Erziehung

Der Mensch, der die Natur selbst verkörpert, wird durch den Zivilisationsprozess gänzlich verwandelt. Der Mensch ist im Zwiespalt von Natur und Gesellschaft und Innerer Stimme und äußerem Anspruch. Dies ist auch ein Resultat falscher Erziehung. Sozialisations-und Zivilisationsprozesse beschneiden die menschliche Freiheit.

Es bedarf keiner „positiven" Erziehung (herstellende erzieherische Praktiken), denn man soll den Zögling wachsen lassen, man soll ihn lediglich vor den schädlichen Einflüssen der Zivilisation und Kultur schützen → negative Erziehung.

Das Eigenrecht des Kindes muss berücksichtigt werden, sowie die naturgemäße Entwicklungs- und Reifezeit. Der Erzieher hat diese Reifungsprozesse zu unterstützen.

Rousseau sieht das Kind nicht als kleinen, defizienten Erwachsenen. Für das 18.Jahrhundert war es nicht selbstverständlich, die Kindheit als eine eigene Lebensphase zu sehen.

Die Erzieher des Menschen

Die Perfektibilität (= Fähigkeit zur Vervollkommnung) ist konstitutiv, verweist auf die auf Erfahrung und Erkenntnis zugrunde liegende Voraussetzung erzieherischen Denkens.

Drei Lehrer: Mensch, Natur und Dinge, die Vorbildfunktion haben.

Die Natur als Erzieher ist Ausgangspunkt für die Kräfteformung und Fähigkeitsentwicklung.

Dinge: Begegnung mit der Welt-Auseinandersetzung und reflektierter Umgang; Kind erfährt die eigenen Fähigkeiten und Grenzen.

Der Mensch als Erzieher folgt der Natur und wirkt v. a. indirekt ein. Pädagogische Kontrolle; Handlungsoptionen sind inszeniert und konstruiert. Der Zögling wird gänzlich kontrolliert.

Phasen der Erziehung und ihre Aufgaben

Rousseau teilt die Erziehungszeit in zwei große Phasen, nämlich Kindheit und Jugend. Die Bedrohung in der Kindheit kommt von außen (Zivilisation) jedoch in der Jugend von innen (Triebe, Leidenschaft).

Kindheit (bis 15 Jahre): Erziehung der Sinnlichkeit. Die Natur ist das Maß, Studium der Natur des Kindes.

<u>Jugend</u>: Ausbildung vernünftigen Denkens, Handelns und Urteilens; geisteswissenschaftliche Themen, Religion, Politik sollen zugänglich gemacht werden. Die aufkommende Leidenschaft soll gebunden und gelenkt werden durch Mitgefühl (moralische Erziehung) und Selbstliebe.

Anthropologische Dualität, die die Sinnlichkeit und die Vernünftigkeit trennt. Beide Dimensionen gehören jedoch zusammen und machen den Menschen erst aus.

Befreiung des Menschen <u>zum</u> Menschen soll eine insgesamte gesellschaftliche Verbesserung bringen.

Erziehung steht in den Spannungen (*Antinomien*) von öffentlicher und privater Erziehung, Selbstliebe und Eigenliebe, Macht und Freiheit, positiver und negativer Erziehung, Anpassung und Autonomie.

Immanuel Kant

Bei Kant (1724-1804) geht es um die **Freiheit des Menschen**. Das Wesen des Menschen zeigt sich als Subjekt des moralischen Gesetzes und seiner Mündigkeit, wie er seine Freiheit zu gebrauchen versteht.

Spannung von Freiheit und Notwendigkeit, wie die Freiheit bei dem Zwange zu kultivieren sei.
Seine <u>zentralen Ziele</u> sind <u>Mündigkeit und Aufklärung</u>. Um dies zu erreichen, bedarf es der Disziplinierung, Kultivierung und Zivilisierung.

Die Erziehung über Generationen bindet die Lebenszeit des Einzelnen an einen geschichtlichen Verlauf von Kultur und Gesellschaft. Die Unterordnung unter den Gedanken der soziokulturell geformten Generation ist somit Aufgabe der Erziehung.

Aufklärung hat die Aufgabe aus der Unmündigkeit hinauszuführen.

Mündigkeit

Wahlspruch: "Habe Mut, dich deines eigenen Verstandes zu bedienen!" (Selbstdenken)„Sapere aude!"
Unmündigkeit ist grundsätzlich selbst verschuldet, weil jeder Mensch die Möglichkeit hat, zu hinterfragen und eigenständig zu denken. Gegen diese richtet sich Kants Vorwurf. Die <u>Erziehung</u> <u>beinhaltet</u>, weil der Erzieher das Kind leitet, es bevormundet, diese <u>Unmündigkeit</u>.

Durch die Androhung Sicherheit und Geborgenheit zu verlieren, können Autoritäten den Menschen in Unmündigkeit halten. Kant richtet sich gegen jede Autorität, die die Freiheit des Menschen einschränken will.

Die Freiheit ist Sinn und Maß erzieherischen Handelns. Sie ist Grundlage für das Verständnis von Erziehung und Anthropologie bei Kant.

Erziehung über Generationen

Erziehung richtet sich nicht nur auf den Einzelnen. Die Erziehung des Einzelnen soll über die Generationen zum Erreichen der Bestimmung der Menschengattung führen ➔ Fortschrittsgedanke.

Alle Naturanlagen des Menschen sind dazu bestimmt sich vollständig und zweckmäßig zu entwickeln, in erste Linie die Vernunft, sie sind jedoch nur in der Gattung zu vervollkommnen.

Die **Höherentwicklung der Gattung** ist durch die menschliche Natur begründet, Erziehung ist dafür absolut notwendig. Eine Generation erzieht die andere.

Nicht nur die Erziehung selbst, sondern auch die Reflexion über Erziehung ist Bestandteil der Vervollkommnung.

Die menschlichen Anlagen

Der Mensch wird nur durch Erziehung erst zum Menschen. Die Erziehung muss individuell erfolgen. Natur ist die Grundlage von Kultur.

Von Natur aus bringt der Mensch drei Anlagen mit, die das moralisch Gute für den Menschen ermöglichen. Darüber hinaus fordert Kant als das höchste pädagogisch zu erstrebende Ziel, die **Moralisierung des Menschen, die nicht durch Erziehung bewirkt werden kann.**

- Anlage für die Tierheit: der Mensch ist also Lebewesen, das sich selbst erhalten muss und überlebensfähig sein muss.
- Anlage für die Menschheit: setzt die Lebensfähigkeit des Menschen voraus. Diese Anlage umfasst insgesamt den Gebrauch der menschlichen Vernunft. Der Mensch ist ein lebensfähiges, vernunft-begabtes Wesen. Von diesen beiden Anlagen kann Moralität nicht erwartet werden, für die Möglichkeit der Realisierung steht die
- Anlage für die Persönlichkeit: Empfänglichkeit für die Achtung des moralischen Gesetzes. Das Gute muss er selbst für sich wählen ➔der Mensch muss sich selbst moralisch bilden.

Mit dem Gedanken der Autonomie lässt sich das Vorgeben von Moral (erzieherisch) nicht vereinen.

Moralische Bildung heiß für Kant, wenn das moralische Gesetz als Lebensmotto gilt. Eigene Vorteile von eigenen Handlungen sollen nicht im Vordergrund stehen. Es geht nur darum richtig zu handeln ➔kategorischer Imperativ.

Erziehungsaufgaben und –praktiken

Sinn und Bedeutung erhalten Disziplinierung, Kultivierung und Zivilisierung erst dann, wenn damit der Mensch seine Freiheit erlangt.

Kant unterscheidet zwischen *negativer Erziehung*: Schaden abwenden, den Zögling schützen, Fürsorge, Disziplinierung und *positiver Erziehung*, die Wissen, Fähigkeiten und Fertigkeiten lehrt, die für ein sozio-kulturelles Wesen unerlässlich sind.

Kant unterscheidet außerdem zwischen physischer (bezieht sich nur auf das Körperliche) und praktischer Erziehung.

Die Kinder sollen selbstständig denken lernen und Entscheidungen für ihr Handeln treffen können. Erziehung ist keine Dressur, die Disziplinierung soll lediglich Unarten verhindern, ist aber als Erziehungspraktik ungeeignet, daher lehnt Kant auch die Strafe ab.

Die Anlage zur Tierheit muss diszipliniert werden, die Anlage zu Menschheit muss kultiviert und zivilisiert werden.

Disziplinierung

Ist der negative Teil der Erziehung.

„Disziplin ist also bloße Bezähmung der Wildheit."

Sie befreit den Menschen von der Herrschaft seiner Triebe, denn der Mensch soll vernünftig handeln und nicht einfach seinen Wünschen und Launen folgen. Sie stellt die Basis für den adäquaten Gebrauch der Freiheit dar. Es geht nicht darum den Eigenwillen zu brechen, darum müssen Kinder auch die Gründe für Disziplinierung kennenlernen.

Ziel ist es, dass der Mensch seine Freiheit zu gebrauchen weiß und wie weit seine Freiheit reicht, nämlich bis dahin, wo die des Nächsten anfängt.

Kultivierung

Positiver Teil der Erziehung: Kultivierung der Fähigkeit und Fertigkeiten sowie Zivilisierung, Gestaltung des Zusammenlebens und der politischen Rechtsverhältnisse.

Die Kultivierung bezieht sich auf die Ausbildung von intellektuellen und körperlichen Fähigkeiten. Primär ist sie jedoch auf das Denkenlernen gerichtet und damit auf die Voraussetzung mündiger Lebensführung.

Der Mensch muss die geeigneten Mittel und Wege finden, um seine Zwecke zu erreichen.

Zivilisierung

Sie bezieht sich auf die Erziehung zur Klugheit. Der Mensch handelt also, um als soziales Wesen einen öffentlichen Wert zu erlangen. Entwicklung zu einem gesitteten Wesen.

Die Möglichkeit der Erziehung bleibt darauf beschränkt, die Anlagen der Menschheit zu entfalten, die Aufklärung zu befördern und die Empfänglichkeit für höhere Zwecke zu unterstützen.

Moralisierung

Sie **liegt** nur **in den Händen des Einzelnen**, sie ist als beständige, nicht abschließbare Aufgabe formuliert.

Erziehung, die sich an der Menschlichkeit orientiert, kann nicht nur aufgrund Disziplinierung, Kultivierung und Zivilisierung erfolgen, denn so wird das eigentliche Ziel (Autonomie und Mündigkeit) nicht erreicht.

Der Mensch ist Zweck an sich selbst, er darf nicht als Mittel missbraucht werden im Hinblick auf staatliche und wirtschaftliche Zwecke.